致谢
新约教会的七个标志

相信公平地来讲，我认识大卫.布莱克弟兄。他一直是我的教授，而我一直是他的牧师之一。在一次去埃塞俄比亚的旅行中，我记得当时问他的妻子（贝姬），"布莱克博士的强项是什么？"她回答："他可以看清事情的大画面，而且能深入浅出地让每个人都明白。"《新约教会的七个标志》就是这样一本书。清晰、简洁、迷人，沁透着属天的智慧，并能搅动你的心思想要为基督的荣耀进入福音的成熟。

杰森.埃文斯博士
贝塞尔山浸信会 牧师兼长老h

就在我以为已经读了我喜欢的大卫.布莱克写的书的时候，这本书面世了！无论你是刚得救，还是已经跟随主耶稣多年的信徒，这本书是为你写的。耶稣在马太福音16：18说："我要建立我的教会。"从主耶稣当时的角度来看，教会在未来，教会是属于祂的，祂是教会的缔造者！今天，我们正在忘记教会的源头，而把她视为其他人的财产，用人的头脑和手段来建造她。错误地认识教会，仅次于错误地认识福音，没有什么比这更能破坏大使命了。布莱克博士所著《新约教会的七个标志》对于我们需要按神的方式而非自己的方式建立教会，是一个必要的提醒。大大受益于布莱克对使徒行传2：37-47仔细研究的成果，我就是其中之一。相信我，如果盼望看见上帝在我们的时代"翻转"这个世界，我们不能忽视这11节经文。

托马斯.W.赫金斯
首都神学院和研究院

好，大卫.布莱克又完成了一部作品！他这本《新约教会的七个标志》让我们看见，在二十一世纪的教会中大量完成的工作没有多少与圣经教导的真理相似。哇哦！这可是事实啊！大卫呼吁我们审视我们自己是如何"建教会"并谋求改革的。我们蒙拣选，可不是要蓄意地悖逆和不合乎圣经。然而，就像海潮侵蚀沙堡一样，圣经真理正受到人为传统和哲学的腐蚀，影响着教会的领袖、治理和团契生活。如果有哪一位渴望带领如同初代教会一般的教会或成为其中的一员，都应该由衷地欢迎大卫从使徒行传当中概括出的原则，这些原则很简单却意义深远。再次感谢大卫弟兄对教会现状提出的挑战！

凯文.布朗

喜乐山浸信会 牧师兼长老

新约教会七标志

历世历代基督徒的指南

大卫.阿兰.布莱克

(Simplified Mandarin Edition)

Energion Publications
Gonzalez, FL
2015

Cover Design: Jody & Henry Neufeld
Cover Images:
Sunset, ID 3121126 © Koh Sze Kiat | Dreamstime.com
Cross, ID 35103100 © Maria Wachala | Dreamstime.com

Simplified Mandarin Edition:
ISBN10: 1-63199-215-5
ISBN13: 978-1-63199-215-5

Energion Publications
P. O. Box 841
Gonzalez, FL 32560

energion.com
pubs@energion.com

内容目录

前言

在过去的几年里，我一直都想写一本关于教会论的书。然而，你手中这本书并不是。相反，我试着在新约圣经的范围内思考一个非常简单的问题："一个健康的、合乎圣经的教会是什么样子呢？"当然，很多杰出的作者已经尝试回答了这个问题。现在，关于以教会为主题的书籍已经比过去多很多了。我在此并非表明自己已经找到了这个问题的唯一答案，我想做一件事——就是从圣经本身来回答这个问题。你会注意到我从新约圣经中问的这个问题，似乎新约圣经已经非常完全、清楚地回答了这个问题。我越多研究查考新约圣经，就更加确信圣经谈到教会形成的那一章（徒2）是研究新约教会的完美开始。

"我们从哪里开始呢？"其实我们已经开始了，就是这十一节简单的经文。我所说的是徒2：37-47，这段经文描述了在耶路撒冷刚刚建立的教会所具备的七个基本特征。因此，这就是本书的书名《新约教会七标志》。

众人听见这话，觉得扎心，就对彼得和其余的使徒说："弟兄们，我们 该做什么呢？"彼得说："你们应当悔改，每个人都当奉耶稣基督的名受洗，使你们的罪得赦，就必领受所赐的圣灵。这应许原是给你们和你们的儿女，以及所有在远方的人，就是给凡是我们主神召来归他的人。"彼得还用许多 别的话，郑重地作见证，又劝勉他们说："你们从这弯曲的世代中得救吧！"

于是接受他话的人都受了洗，那一天门徒增加了约三千人。他们在使徒 的教训，彼此团契、掰饼和祈祷的事上恒切专心。使徒行了许多奇事神迹，众人都起了敬畏之心。所有信的人都在一起，凡物公用，并且变卖产业和财物，按照各人的需要分给他们。他们天天同心在殿里恒切地聚集，在各家各户掰饼，存着喜乐和诚恳的心用饭，又赞美　神，并且得到全民的喜爱。主将得救的人，天天加给教会。

　　在我们仔细研究这段经文之前，请允许我先谈谈四个简单、却非常重要的观察。

　　首先，你注意到我并没有给我的书起名《新约教会的**那**七个标志》，没有人可以这样宣称，这需要神的全知。当然可以说，我们发现了教会的那些标志，但是这个**定冠词**会显出我们的骄傲。第二，对新约教会的这七个描述是有效的，不管你属于哪个宗派。毕竟在第一世纪没有什么浸信会、长老会、改革宗或路德宗等等。我认为这些标志可以应用到今天的超大型教会，正如第一世纪那些小小的家庭教会一样。第三，我们需要注意的是使徒行传第二章当中的教会并不是完美的。要记住，并不是耶路撒冷教会建立的安提阿教会和撒玛利亚地区的教会。这支火炬已经传递给其他人，甚至连使徒彼得都没有完全理解外邦人在教会当中的地位。然而，使徒行传第二章中的教会仍旧展现出在基督里新生命所有的重要标志。一个教会不需要是完美的，也依然可以成为榜样。但关键是，教会必须朝着正确的方向前行。最后，我们会按照经文所展现出来的次序学习这些标志。毫无疑问，读者会欣赏其中的逻辑和自然过程。

　　我其实并不愿意再写一本关于使徒行传的书。但是，我的确想要提醒现代的基督徒们来效法早期基督徒的样式。他们的故事令人震惊，我们最好以他们为榜样。我在这里所写的，没有什么太过新奇或深刻的东西。任何基督徒都可以读这本书，甚至是刚刚重生悔改的新信徒。这里所说的七个标志是：

- 传福音式的讲道
- 基督徒的洗礼
- 使徒式的教导
- 真诚的关系
- 以基督为中心的聚会

- 热切的祷告
- 牺牲的生活

　　教会在全世界各处都蓬勃发展，然而他们都在问同一个问题——"一个健康的教会看起来是什么样的？"很多人都在寻找一个简明并合乎圣经的关于教会的定义。或许耶路撒冷的第一间教会可以给我们提供一些答案。我希望如此！

第一章 传福音式的讲道

彼得对他们说，"你们要悔改。"

在这本书中，我们来看一下使徒行传中早期教会的标志，以及这些标志如何塑造我们当代的教会。一开始我们就发现早期的新约教会是一个传福音的教会。教会的首要目标就是使人与基督联合。这被称为大使命，就是好消息。这是马太福音的记载（太28：19-20）：

所以，你们要去使万民作我的门徒，奉父、子、圣灵的名，给他们施洗。凡我吩咐你们的一切，都要教导他们遵守。这样，我就常常与你们同在，直到这世代的末了。

马可福音是这样记载的，"你们往普天下去，传福音给万民听。"（可16：15）传讲福音的好消息是早期教会形成和增长的主要因素。因为发生在加略山上和第一个复活节清晨的事情，使基督的教会与世界上其他所有的宗教分别开来。我们来仔细看一下路加是如何发展这个主题的（徒2：37-41）：

众人听见这话，觉得扎心，就对彼得和其余的使徒说："弟兄们，我们该做什么呢？"彼得说："你们应当悔改，每个人都当奉耶稣基督的名受洗，使你们的罪得赦，就必领受所赐的圣灵。这应许原是给你们和你们的儿女，以及所有在远方的人，就是给凡是我们主神召来归他的人。"彼得还用许多别的话，郑重地作见证，又劝勉他们说："你们从这弯曲的世代中得救吧！"于是接受他话的人都受了洗，那一天门徒增加了约三千人。

很明显，复活的救主非常渴望新信徒加入祂的身体。因此，当我们说早期教会的第一个标志就是传福音式的讲道时，意思是一个健康的教会正如一副健康的身体一样总是会成长的。因此，初代基督徒都委身于传福音去赢得失丧的人，非常忠心地承担他们的主所托付的责任与使命。在教会外面，整个世界都等待着要听好消息，有无数机会来将基督的爱浇灌到罪人的心里，初期教会抓住了这些大多数的机会。这种委身会对二十一世纪的当代教会产生同样的影响，正如在第一世纪产生的影响一样。

当然，今天教会对于讲道的认识和观点是完全不同的。我们稍微来看一下这些观点，会对我们有帮助。

在最近这些年有一种趋势，就是把讲道看成是只在周日早上三十分钟的讲道。当我们来思考这种对讲道的认知观点时，发现那些讲道的人是所谓的牧师，而不是传福音者。这种认知讲道的观点是站不住脚的！首先，从新约圣经中我们可以看到，讲道总是发生在传福音的背景之下。使徒行传中的讲道就是很好的例子。注意在五旬节的时候，彼得讲道的对象是失丧的人，而不是得救的人。而且，在使徒行传中其他的例子也是如此。第二，将新约圣经中的牧师称为传道人，这忽略了圣经的教导，因为新约宣称牧师的职责为教导。有两处非常重要的经文可以支持这一点：弗4：11（祂所赐的，有使徒，有先知，有传福音的，也有牧师或教师）和提前3：2（所以作监督的，必须无可指摘，只作一个妻子的丈夫，有节制，自律，庄重，乐意接待客旅，善于教导）。因此，如果我们要保留新约圣经对于牧师角色的观点，那么将"讲道"这个词应用于信徒聚集在一起接受圣经教导的时候必须谨慎。讲道既不是牧师/教师的唯一责任，也不是首要责任。讲道就是传福音，早期信徒在这一点上做的非常好，以至于他们被指控是搅乱天下的人（徒17：6）。新约圣经中的基督徒将大胆传福音看作是教会存在的目的。

然而，到底什么是传福音呢？我们今天如何传福音呢？真正的传福音有至少五个特点，在这里我们要详细地看一下。

第一个特点就是高举基督。传福音既不是一个系统，也不是一种方法。只是简单直接地使一个人与基督耶稣面对面。传福音就是分享神在基督耶稣里借着祂的死和复活所成就的事情！神如何将祂的子民从所处的困境当中拯救出来，并将他们迁入一个新的群体，这是一个非常奇妙的故事。注意，这个信息没有一点肤浅的内容。福音是一个改变生命的信息，早期教会的基督徒深知这一点。

我们是否真正明白这个信息，我们是否能和别人分享它呢？如果我们将圣经当中谈到福音的一些关键经文铭记在心里的话，这将会是一个明智的决定。例如：林前15：1-4，在这里我们看到保罗对于他所传讲的信息有很深的确认，他特别提到了耶稣的死、埋葬、复活以及复活后的显现。一个人如果不明白在加略山上所发生的事情以及空空的坟墓，那么他的信心是不可想象的。另一段经文是罗10：9-10，除非我们承认耶稣基督是主，并相信神让祂从死里复活，我们就不能得救。得救信心的理性部分可以简单到"耶稣是主"（林前12：2）。事实上，这种理性的承认在每个真信徒心里都是完全确认的。

其次，我们必须完全进入所传讲的话语中。现今是相对主义横行的时代，但人们却渴望真理。这就需要我们要用他们能理解的话语向他们解释福音。正如早期的基督徒一样，不管我们传福音的方式有多么灵活，我们必须要以基督为中心。这意味着正如使徒行传中的使徒们一样，在讲道中必须总是高举基督。早期基督徒充满了对基督的热诚，没有其他人比耶稣更重要。如果人们真的明白福音，他们总会十分热诚地告诉其他人——基督和祂的爱。在这个世界上，没有比一个高举基督的教会更吸引人了。

传福音的第二个特点就是依靠圣灵。正如大卫.威尔斯在他所写的《神是传福音者》这本书中所说的，"圣灵开始激动和赐力量给传福音者。"事实上，圣灵在使徒行传中是超自然的行动者，祂是早期门徒生活的力量源泉。五旬节的时候，圣灵开始了第一次传福音（徒2：38）。圣灵也激动在安提阿教会信徒的心，让他们开始向小亚细亚地区传福音（徒13-14），同样的主题弥漫在使徒行传中。这些耶稣基督的跟随者完全依靠圣灵，没有任何事能阻挡圣灵在他们生命当中的大能。

可是我们又怎么样呢？今天我们对于圣灵的大能和同在所知甚少。我们更多依靠自己的方法、教育和金钱。或许当代教会最需要悔改的，就是在传福音时太过依靠人的策略。早期基督徒寻求被圣灵充满（弗5：18），并且顺服圣灵（徒5：32）。赢得灵魂对于他们而言就是这样简单。他们知道，如果不与这位看不见的引导者紧密联络，就无法传福音。如果想要看到早期教会的这种火一般传福音热诚发生在我们今天的教会里，那必须要对圣灵有同样的依靠。陶恕博士是一个非常著名的圣经教师，他清楚地谈到圣灵在传福音中的角色（选自《能力的道路》第9页）：

> 教会是在能力中开始，在能力中前进，也只有在拥有能力的时候才能前进。当教会没有能力的时候，她就会挖洞来寻求安全感，但是她的祝福好像吗哪一样。当他们试图保存吗哪过夜的时候，吗哪就长虫生蛆了。因此，我们有修道主义、学术、制度，这一切都表明一件事情：我们缺乏圣灵的大能。在教会历史当中，每一次回归新约圣经的运动都包含成长、清晰地传讲福音和高涨的传福音热诚。

我们需要严肃地对待这个警告！正如圣灵委派耶稣来服事，赐祂能力来做见证，祂同样也渴望在我们的生命中做同样的事。使徒行传告诉我们，神可以借着被圣灵能力充满的人行事。如果你让神来掌权，圣灵就会使用你来为基督做见证。这是主耶稣基督的应许（徒1：8）。

传福音的第三个特点就是同等的机会，这在早期基督徒当中是非常明显的。这并不只是基督徒领袖们需要做的，所有人都要向他们的邻舍分享福音。因此，犹大督促他的读者"将一些人从火中抢救出来"（犹23），保罗也举荐帖撒罗尼迦教会的新信徒，因为他们热心传讲神的道（帖前1：8）。每个基督徒都渴望做宣教士的工作，不管去到哪里。如果每个基督徒都被称为见证人，每间教会在开始的时候都承担大使命，那为什么只有少数特定的人被称为宣教士呢？为什么广播电台和福音机构做地方教会应该做的事呢？在新约教会当中，没有任何暗示表明早期的基督徒将传福音看成是一些特定专业人士的责任。当然，那些和地方教会一起工作的宣教士和福音机构可以说是正在完成他们的宣教使命。但事实上，每个人都应该是一个全时间的宣教士。

我们应该试着这样做。在我的另一本书《你是否愿意加入到普世宣教中？》中，更进一步地阐明了这个观点。

耶稣基督是一个彻底的宣教士，祂将大使命托付给祂的跟随者。即使我们不能远赴异国他乡，世界的地极可以来到我们身边，只需要看一看今天任何一所大学的情况就知道了。宣教学家称之为颠覆全球的大使命，但是这并不是不重要的使命。因此，当我听到最近我的一个博士生毕业后被邀请到一所大学教书时，我非常高兴。我坚信他所做的不仅仅是授课，我知道他已经将自己奉献给神，乐意传讲福音，因为世人都需要。总之，分享信心就是帮助另一个人更接近耶稣基督。如果你愿意，你就可以在自己的教会中传福音，不需要呼召专业的宣教士。帮助你的每一个会众都成为基督的见证人，结果会令你震惊。

新约圣经中传福音的第四个特点，就是真诚地关心失丧之人的社会需要。当我在神学院读书的时候，那些强调传福音个人得救和强调所谓社会福音的论点之间有很大的分歧。然而，这两者是不可分割的。约翰.斯托德在他所著的一本很有名的书《平衡的基督教》中这样写到：

> 毫无疑问，复活的基督将大使命托付给祂的教会，祂要他们去传福音、使人做门徒。如今，这依然是教会的使命。但这个使命并没有废除大诫命，即你要爱你的邻舍。然而大使命好像已经取代了大诫命似的。我们不能将 爱邻舍重新解释为仅仅向其传福音。相反，这丰富了爱邻舍的诫命，为其 增添了一个新的基督教的角度，就是将基督耶稣传给他们的责任。

我们需要花点时间来思考约翰. 斯托德所说的话。例如，是什么使安提阿的外邦教会被称为基督徒呢（徒11：26）？这难道不是因为他们生命的新样式吗？难道不是因为他们像耶稣基督吗？这些基督徒就是主耶稣在这个世上的身体，仿佛手和脚，他们传讲福音，关心穷人。所以，今天我们也应该如此。但是我们把传福音和社会关怀分开了。如果不愿意让基督透过我们自己来服事其他人，就没有人可以成为一个真正的基督徒。当然，传福音是首要的，但如果你传讲信息却没有行为，那是无益的。然而早期的基督徒在这一点上做的非常好。

如果我们要成为一个成功的传福音的教会，就必须在这两个方面保持平衡。我们关心人们的需要，参与到他们每日生活的挣扎当中，这是为福音所做的最好的见证。我想起我妻子和我几年前在埃塞俄比亚建立的一所健康中心，很多人都到那里寻求身体的疾病得医治，等他们离开的时候，很多人都因福音而得救了。我们不需要说服一个病人，他们已经知道自己的健康状况不好！他们需要知道的是耶稣关心他们的全人——身体和灵魂。很多人发现主耶稣自己的一个例子，对于明白这个教训非常有帮助。太9：35"耶稣走遍各城各乡，在会堂里教训人，宣讲天国的福音，又医治各样的病症。"耶稣不仅仅教导和传道，祂还医治！祂不仅仅喂饱五千人，还告诉他们在哪里可以找到生命的粮。社会关怀不仅仅是那些喜欢做这些事的人一个额外选择，这是必须应该做的事情。我们不需要过分看重社会关怀，但是我们也不能轻视它。简而言之，如果你相信耶稣基督，你就不能忽视人们的社会需求。

早期教会传福音的最后一个特点就是强调跟进栽培，如果我们忽略这一点，就是最愚蠢的人。我们再怎么强调早期教会的关怀、栽培训练事工呢？！早期的基督徒并不满足打一枪还一个地方，好像今天一些宣教士的做法。我们注意到使徒行传2：41-42所描述的，他们是如何跟进栽培的：

> 于是接受他话的人都受了洗，那一天门徒增加了约三千人。他们恒心 遵守使徒的教训，彼此交通、掰饼和祈祷。

新信徒需要教导和团契，早期教会花了很大代价来满足他们的需要，这对今天的教会而言有很大的提醒。我非常难过，因为看到今天我们是如此轻视跟进栽培的工作。我甚至非常惊讶地看到有些人宣讲"信仰的二十那个宣告"，这并不能见证这些新信徒是如何成长的。有一个很有趣的观察，当一个人承认信仰之后，就立刻给他们施洗。我们将在下一章中看到，这个顺服的行动是多么重要。

至此已经可以非常清楚地看到，当我们在热心为主做工的同时，并没有常常做到基督要我们做的（太28：19-20）。除非我们仔细的跟进栽培、训练门徒，否则很少人会真正信主。

　　在接下来的一章当中，我们会更详细地查考跟进栽培这个部分。但在这一章，我还想说最后一点，正如我们已经看到的，在使徒行传中有无数传福音事工，这并不奇怪。因为耶稣说"你们要成为我的见证人。"（徒1：8）在使徒行传中，见证是中心。这是真正属灵生命的记号，这应该是我们的第一优先，仅仅宣称自己是耶稣的跟随者还不够。如果我们是基督的跟随者，那就要为耶稣做见证。然而我们为什么做不到这一点呢？如果我们不像早期基督徒那样重视传福音事工，就会得到因疏忽而酿成的苦果。传福音是教会增长的主要方式，这就是早期教会如此重视传福音的原因，这也是今天的教会必须传福音的原因。如果我们能从早期基督徒那里得到一些益处的话，那么需要更多关注他们喜乐地、满有热诚地向其他人见证福音，很少有其他方面比这更重要了。一旦我们有他们的喜乐和热诚，我们就不会后退，就不会稳坐在眼前的成就上。

第二章 基督徒的洗礼

于是，领受他话的人就受了洗。那一天，门徒增添了约三千人。

在早期教会历史中，第二个重要且无可置疑的标志就是早期基督徒受了基督教的洗礼。从两千年以后的角度来看，我们很难洞悉这件事情的重要性，很难理解在当时采取如此激进的顺服行动的意义。今天，洗礼通常只是一个附加在归信之后的仪式，有时候在信主数月甚至数年之后。我甚至听到有些人主动要求推迟受洗，直到他们可以到以色列。这样就可以在耶稣受洗的地方受洗了，或许腓利应该命令埃塞俄比亚的太监回到约旦河里去受洗。

很多基督徒都误解了这一点。但是早期教会对于洗礼的重要性没有任何疑问。对于早期教会的洗礼，我们可以谈很多的内容，但是在读使徒行传的时候，我们可以看见六个重要的方面。

第一，就是立刻施洗。在使徒行传中，我们有时偶尔看到悔改伴随着说方言。但是在早期教会发展的过程当中，所有的新信徒都受洗。这是他们信仰经历的一部分。你得救了，你就要受洗（徒2：41，8：12-13，36-38，9：18，10：44-48，16：15，33，18：8，19：4-5，22：15）。我们无法否认，早期教会认为受洗是基督徒生活当中必不可少的一部分，因此当一个人归信基督之后，教会就尽快给他们施洗，仍然缺少真理的教导并不能阻止他们施洗。

不能阻止他们受洗的理由和第二个原因紧密联系，即洗礼的重要性。保罗在罗马书6：1-4非常清楚地说明了洗礼的意义。洗礼是一个奇妙的见证，见证基督徒与基督的联合。它描绘出信徒与基督同死、同埋葬、同复活的画面，也见证他们走进新生命（6：4）。这是一个弥赛亚的勋章，你就是神的新子民。而且，洗礼也是圣灵工作的一个标记。在信主的时候，信徒经历了圣灵的洗礼。保罗在林前12：13这样描述到，"借着一个圣灵，我们受洗归入一个身体。"受洗是接受圣灵进入我们生命的一个象征，也是我们与基督的身体——地方教会联合的象征。圣灵的洗和水的洗礼就结合在一起了，这是一枚硬币的两面。因此，保罗写给以弗所信徒，"一主、一信、一洗。"（弗4：6）你可能会问，"但是，保罗先生，你在这里所指的是哪一个洗呢？是圣灵的洗，还是水洗？"早期的基督徒不会问这样的问题，那些受洗的人在他们承认信仰之后就立刻接受洗礼了。对于他们而言没有受洗的信徒是闻所未闻的，当然圣灵的洗在前，紧跟着就是水的洗礼。

　　我相信，今天的教会需要仿效这个模式。我意识到——先洗礼，然后再教导，这个模式是违反直觉的。很多教会，其实是当今世界范围内大多数的教会都认为最好推迟洗礼，直到归信的慕道友受过一定的真理教导之后再受洗。似乎这样做更合乎情理——该如何判断一个人信仰的真实性呢？我们需要一段时间的教导和考验。坦白地说，我无法否认这种思考方式。对我而言，这样既合理又可行。但是有一个更重要的问题是：圣经怎么说？我们必须总要问这个问题。圣经的答案是什么？至少有两个圣经中的理由来解释基督徒洗礼应该紧随归信之后。第一个是我们主耶稣基督的命令，在太28:19-20，耶稣给了清楚的指示。注意这个顺序：施洗，然后教导。这个顺序不是一个选择，我们没有理由来颠倒这个顺序！同时，还有第二个理由说明我们应该坚持立刻洗礼，因为这是早期教会所立下的榜样。当我们思考早期教会是如何完成大使命的时候，会看到他们的做法与当今教会的做法完全不同。早期教会顺服主的命令，他们没有在悔改和受洗之间划定一个时间段。埃塞俄比亚的太监（徒8）和传福音的腓利（徒16）都是很好的例子。同样，我们不应该改变做法来符合我们自己的逻辑。事实是，"神所配合的，人不可分开。"早期教会呼吁我们要悔改，要改变施洗的模式。

　　基督徒洗礼的第三个方面是它与犹太教洗礼的不同。新约信徒的洗礼和犹太教的洗礼是完全不同的，早期的基督徒——犹太人对此是非常熟悉的。有两件事使基督徒的洗礼和犹太教的洗礼区别开来。首先，基督徒的洗礼从来不是由自己施行的，而是由另外一个人施行。这完美地展现了我们的救恩！赐给救恩的是基督，我们仅仅是接受而已。而且我们无法通过任何行为来得到救恩——这是恩典的赏赐，不能赚取，只能接受。

基督徒洗礼区别与犹太教洗礼的第二个方面是非重复性的，是一次性的行为。犹太教的洗礼是经常性的，它与基督徒的洗礼完全不同。这个区别是如此重要，以至于希伯来书的作者将基督徒的洗礼看作是基督教信仰真理的六个基础之一（来6：2）。这里教导的是基督徒的洗礼，与犹太人所说的约翰的洗礼以及昆兰社区所教导的洗礼不同。圣经教导我们，对于基督徒而言只有一种洗礼，而且是不需要重复的。

基督徒洗礼的第四个方面就是公开性。当时五旬节圣灵降临的时候，我们看到三千信徒受洗。考古学的发现显示这些新信徒使用在圣殿山入口处的许多施洗池来施洗，那是一个公开的地方。那些受洗之人的亲戚朋友无疑见证了他们这顺服的行动。很明显，这些新信徒并不羞于将信仰公开见证出来。他们的榜样给我们一个很大的提醒，就是洗礼应该尽可能公开化，这是忠于耶稣基督的表达。我们可以用比喻来说明这一点，洗礼就好像我们在婚礼上所戴的婚戒。手指上的婚戒并没有使我们结婚，它只是一个美好的象征，表明我们已经结婚了。我们要注意：我们不需要在婚礼结束之后再等一周、一个月或一年才戴上婚戒。相反，我们渴望要让全世界都知道我们已经结婚了，不再是单身了。

洗礼就像婚戒，是一个标记，刻在我们身上的一个标记，向全世界来宣告我不再是一个人了，现在归属于另一个人——就是耶稣基督，我们也归属于祂子民的教会。我在夏威夷的洗礼是相当公开的，在凯鲁瓦海滩，我几乎每天都在那里游泳、冲浪。我无法忘记，几年后我所在的教会决定要建一个室内施洗池，我非常难过。他们告诉我，"在室内施洗比在海滩上施洗要方便的多！"的确是更加方便了，但更加合乎圣经的真理吗？我们为什么要将洗礼搬到室内，而放弃向还没有得救的朋友、邻居做见证的宝贵机会呢？关于这个问题我至今还没有得到满意的答案。

　　基督徒洗礼的第五个方面或许不是那么容易理解，但是当我们读使徒行传的时候，会看到那就是平等的本质。我的意思是，任何重生得救的人都可以接受洗礼，任何重生的人都可以施洗。给犹太人施洗，也给外邦人施洗；给富人，也给穷人；给年轻人，也给老年人；给男人，也给女人。今天可以这样说，基督徒洗礼是给保守的人，也给自由的人；给共和党人，也给民主党人（编者按，这也许只是一种美国政治文化现象）；给白人，也给黑人；给在家庭学校学习的人，也给在公共学校学习的人。洗礼和圣餐对于基督徒而言都是平等的，我们都经过洗礼走进新生。当然决定受洗是个人的意愿，但是救恩意味着加入一个得救的群体（徒2：47）。

　　谁可以施洗呢？在使徒行传和新约书信中，没有证据表明这个责任仅限于使徒，或那些被按立的领袖。这不应该使我们感到惊讶，所有新约的教导都谈到教会的领袖是一个装备者，他们不需要做所有的事，而是需要装备其他人去做这样的工作（弗4：11-12）。虽然我没有被按立，但是我有特权为我自己的孩子施洗。或许你也有同样的经历，可能有些人会反对，"洗礼就应该由那些被按立的牧师来执行啊！"我的回答是，在圣经中没有任何支持这种说法的证据。并非只有基督教会的牧师是祭司，他们和基督身体里其他的信徒一样。当我们说只有被按立的人才能给新信徒施洗的话，这就违背新约圣经的教训了，新约圣经视所有的信徒都是至高神的祭司。事实上，大使命——去、施洗、教导——是属于每一个基督徒的，而不专属于任何福音机构。既然如此，我们能否将施洗的权利限制在那些被按立的人身上呢？如果我们愿意的话，也可以这样做，但是新约圣经并不支持我们的观点和做法。正如爱德华.史怀哲在他的《新约中的教会秩序》一书（第186页）中说，"使徒并不是一个施洗的领袖（徒10：48，19：5，6，林前1：14-17），教会里的每个普通的信徒都可以施洗（徒9：18）。"他的话对于今天的教会而言是非常有智慧的，我们需要留意。

　　基督徒洗礼的第六个方面就是洗礼需要勇气。洗礼行动的确将早期基督徒置于"聚光灯"下，这也难怪洗礼是使徒行传中所有讲道的高潮。洗礼是早期教会宣告委身的方式，而不是举手或是签一个委身卡。这个行为虽然简单，却意义深刻。有一首老歌这样唱，"我已经决定，要跟随耶稣……""我已经破釜沉舟，没有退路了。"大声地说，公开地说，这需要勇气。但是感谢神："祂所赐给我的灵不是胆怯的灵，而是刚强、仁爱、谨守的灵。"（提后1：7）

　　早期的基督徒就用这六个方面来评估他们的生命和事工，这值得我们好好学习。洗礼是描绘与基督联合的奇妙画面，这是委身进入教会的代价。这是基督徒顺服的第一个行为，这是我们脱去旧人穿上新人，开始新生活的一个象征。有很多证据表明早期教会将受洗视为委身教会的方式。在五旬节那天，三千人悔改受洗就形成了一个完全不同的团体——建立在使徒式讲道基础上的使徒式团契。如果我们想要从早期基督徒那里学到些什么的话，就必须看见基督徒洗礼的重要性和祝福。你是否带着敬畏的心完全接受洗礼呢？

　　在结束本章之前，如果不谈一谈在基督教团体内部关于洗礼的两个不同观点，似乎不太妥当。第一个问题就是哪些人有资格领受洗礼——婴孩应该像成人一样受洗吗？第二个问题与受洗的方式有关——浸水礼是唯一合乎圣经的洗礼吗？或者点水礼也可以呢？我个人的观点是，合乎圣经的洗礼只是针对信徒的，也只有浸水礼。但是我如何得出这样的结论呢？而你又是如何得出你的结论呢？

　　我对洗礼的观点基于三方面的原因：成长背景、所接受的训练，以及个人对圣经的学习。我一直都是一个浸信会信徒，在浸信会教会信主，从那时起我一直参加浸信会教会的聚会，这当然我的成长背景并不能保证我的观点绝对正确。

　　其次就是所接受的训练，我所受的教育塑造了我对洗礼的观点。柏欧拉大学和塔尔博特神学院（我在那里得到文学硕士和道学硕士学位）都是对浸信会开放的学府。甚至当我去瑞士的巴塞尔大学攻读神学博士学位时，我学习的还是浸信会神学。我永远不会忘记马库斯.巴特对马可福音的讲解，他不止一次对信徒的洗礼进行辩论，其实是很多次。而这是一所改革宗的大学！马库斯并不孤立，他的老师卡尔.巴特一直都反对婴孩洗礼，甚至还写了一本关于这方面的书《教会对于洗礼的教导》。

这其中最好的理由，是我个人研究圣经以后的结果。使徒行传在这方面的教导是什么？我发现在使徒行传中至少有五次提到全家都受了洗，但并没有特别提到婴孩洗礼。但我们无法证明，从这些经文就可以表明这些家庭有婴孩或没有信心无法悔改的小孩子。当使徒行传谈到洗礼的时候，无一例外都和信心及悔改有关。如果你相信内在信心是得救所必须的因素，婴儿洗礼就没有意义了。

在这些有争议的问题上，你的立场是什么？对于我而言，你的观点也会受这三个因素的影响：成长背景、所受的训练和个人研究圣经。关于这个问题，有很多人已经写了专题作品，但是我们也必须承认其中很多书都仅仅是讨论这些设想，很少有人深入探讨圣经的经文。当我们在信仰中成长的时候，有时候教义会引发更多的疑惑，而不是减少。我们应该小心，不能草率做出决定，而是需要仔细思考和深入地研究圣经。我们必须认定，即使在这些观点上无法彼此同意，也没有任何理由来分裂基督的教会。当保罗和巴拿巴分开之后（徒15：39，大大的争吵），依然继续他们的宣教事工。所以，当我们有不同见解的时候，仍然要继续神的工作。我非常感谢Bo Reicke教授的榜样，他是我在巴塞尔大学的博士生导师。他悉心照顾我，这个令人尊敬的人是路德宗的会友，但是他却能和浸信会的人一同工作。他不仅有学者的头脑，还有牧者的心肠。今天，我很高兴能给他应得的尊荣。合一并不要求统一，但是这两者却也相互依赖。如果教会不能如此表现，那就与所宣讲的和好的福音完全矛盾了。

第三章 使徒式的教导

他们委身与使徒的教训。

现在，我们来学习新约教会的第三个标志——委身于圣经的真理。

西方教会的一个最大的问题就是没有正确地教导新信徒。结果，对圣经无知的瘟疫就传染了整个美国教会。在一些主流教会有这种情况，但常常是发生在福音派教会中。

记得有一次，我参加一个新约博士生毕业答辩会。他掌握了很多关于新约圣经的知识；符类福音问题的解决方案；经文鉴别学的不同流派；哥林多书信的背景等等。但是当我请他默写新约圣经中十处最著名的经文时，他却做不到。他抱怨时间太短，我很温柔地向他指出为什么仅仅知道新约圣经的知识是不够的，新约研究学习结业表明你已经掌握新约圣经了。这真是讽刺，福音派的基督徒常常责备别人对圣经所知甚少，却常常在这一点上定了自己的罪。学习基本神学教义是门徒训练很重要的一部分，这是了解一些圣经真理事实的开始，但是这也包括顺服圣经的真理。我们所追求的是，在主耶稣基督真理知识中的长进会改变我们生命的全部。

从经文中我们看到，早期基督徒花很多精力牧养初信徒。早期教会特别重视神的话语。我们从耶路撒冷教会看到这种优先性，使徒们坚持他们应该委身在传道和祷告的事奉当中（徒6：4）。我们在比西底的安提阿教会也看到这一点，全教会聚集在一起就是要听神的话（徒13：44）。我们在以弗所教会也看到这一点，全亚细亚的人都来聚集听主的话，保罗在那里教导了两年之久（徒19：10）。事实上，当神的话语被高举的时候，教会就会成长（徒6：7），这是一个非常重要的真理。早期的基督徒是无法被阻挡的，因为他们忠于圣经的核心。而这一切都源于使徒们的教导。

毫无疑问，早期教会委身于教导圣经和顺服圣经。他们如何教导圣经呢？谁教导圣经呢？我们可以看到三个方面：

1.关于耶稣基督的真理最初是由使徒们自己教导的。使徒们就是那些跟随过耶稣基督，亲自听过祂教导的人。从他们的福音宣讲中，以及如何使用旧约的方式，我们可以看出他们浸淫在圣经当中，圣经是他们生活方式的基础。这是喂养他们的灵奶（彼前2：2），是让他们成长的灵粮（来5：12-14）。最终，使徒和他们的秘书写出了自己的书信——福音书和使徒书信，以及关于末日的预言——启示录。这些早期的信徒没有神学院或训练中心或圣经大会，但他们有真理。对于他们而言，神的话是活的，是有功效的，比一切两刃的剑更快（来4：12）。

在今天的时代里这也是真理。你是否知道一间教会，他们爱慕神的话？这样教会的领袖肯定会殷勤地研读圣经，并跟随圣经的带领。这样的教会一般也是一个增长的教会，至少在顺服上增长。最近，我家乡的教会决定要选长老，因为这是合乎圣经的。很明显，教会的领袖们已经教导过使徒行传，长老带领教会的模式很清楚地浮现出来。会众们最后会大喊"我们为什么没有长老？"但是，更让人感动的是我们之间彼此的爱。会众们充分讨论了这件事，直到最后有了一致的结果。当我们研读神的话之后，可能会期待看到圣灵引导我们进入并顺服真理。多么盼望这样的事能常常发生啊！

2. 当我们读新约的时候，所学习到的另一个教训就是早期教会的教导事工多样化。今天，我们常常专注在讲道事工上，常听人说"我要去某某博士的教会"，一位博士往往因为他的讲道而出名。我们也可能期望看到一位主任牧师，因他大有能力的讲道而闻名。但是在新约圣经中你找不到任何这样的信息，我们甚至不知道新约教会牧师的名字（提摩太和提多常常被误认为是牧师）。答案很清楚，早期教会的领袖们分享事工，当时的教会享受领袖们的团契。他们是多么有智慧啊！在早期教会我们找不到以讲台为中心的教导，这与今天的教会非常不同。正规教导肯定是存在的，但这并不意味着领袖教导一切。甚至保罗在特罗亚与信徒见面的时候，他们在一起说话，而不是保罗独自长篇大论的讲道（徒20：7）。

不仅如此，圣灵会带领一些人说话（林前14：29），甚至信徒们要能够彼此教导，互相劝诫（西3：16）。我相信当我们更加热心地研究圣经教导这个主题时，我们可以学习到更多的功课。我这样说并不是要贬低牧师和教师的工作，在过去这些年里，我已经训练过很多牧师和教师。在我们中间的人有谁能说自己没有从一篇满有祷告、合乎圣经、高举基督、依靠圣灵大能、谦卑地传讲出来的信息中获益呢？我并不赞成在聚会的时候有圣灵的感动就随意而行，我希望我们都要对圣灵的带领保持敏感，不应该消灭圣灵的感动，以至于祂可以感动任何一个教会的成员说话。这不仅是我的梦想，我在很多教会中观察到这种情况，其中包括我所在的教会。我相信大多数教会都可以做很多工作来鼓励信徒彼此教导，这样教会中的信徒才能准备好来实践希伯来书10：24-25的教导。因此教会就会从简单、被动地听讲道转变为积极地彼此造就。这个世界上没有一个由牧师掌权（不管他有多有名）的教会能比耶稣基督掌权的教会更加吸引人。这或许是早期教会最大的秘密：她坚持耶稣基督自己才是教会的主任牧师（彼前5：4），祂在万事上居首位（西1：18）。

3.他们个人是如何研读圣经的呢？请看这节奇妙的经文，约壹2：27"你们从主所领受的恩膏常存在你们心里，并不用人教训你们，自有主的恩膏教训你们。"你看到了吗？约翰说，当他们开始研究圣经的时候，圣灵就在他们中间。这就是说，如果圣灵已经来到你的生命中，那么你就具备了研究圣经所需要的一切。我建议你继续往下读这本书之前，把这个问题搞清楚。你是否去教会？你的名字是否记在教会的成员名册上？这都无关紧要，重要的是你重生了（约3：3）。

当一个人来到基督面前时，一个全新的生命就开始了。自从我们认识基督之后，就渴望更多地认识祂，这是基督徒生命的一个必然特质。正如保罗所说，「我的目标是认识祂。」（腓3：10）你是否有一颗真正渴望认识基督的心？你是否渴想祂？我想问那些不渴慕读圣经的人一个问题："你真的认识基督吗？"成为一个基督徒的标志就是爱基督。圣经学习是门徒训练的一个标志，因为如果我们还不认识基督的话，怎么会爱祂呢？

我还会问："你认识耶稣吗？"如果你怀疑，我向你推荐一封新约书信，这是特别写给你的。约翰写的第一封书信，目的就是要他的读者知道他们有永生。在这封短信中，你会发现几个试验，新生命借此会非常清楚地呈现出来。使徒约翰说，当我们个人认识基督之后，就开始了一个祂团契的关系，这是一种个人的关系，而且会越来越深厚，直到我们见祂面的时候（约壹3：1）。当谈到认识属灵真理的时候，约翰强调圣灵的充分性。圣灵确保我们能明白真理，祂也帮助我们在真理和属灵生命上成长。圣灵光照我们的内心，让我们知道祂是谁，对我们的旨意如何。圣灵是神话语的超然解释者，一旦你明白这一点，圣经学习就成为你生命中最重要的部分，这是无法忽视的门徒训练。这意味着我们一旦信靠基督，就不再依靠人类的老师来引导我们，当然他们可能会有帮助。圣灵是我们的恩膏，祂不仅仅教导我们认识圣经真理，也引导我们在生活当中活出真理。圣灵是我们的老师，祂住在我们里面向我们表明主的心意。因此越来越多的基督徒开始喜欢圣经，这就不奇怪了。

如果神给你这种爱，你要感谢祂，凭着信心使用它，知道这是圣灵在早期教会的工作。我并非主张使圣经成为迷信，当我们谈论到神话语的时候，不能落入到这个陷阱中。你什么时候读圣经或一次读多长时间，我没什么建议，我也不与你辩论哪种圣经译本是最好的（其实今天有许多很棒的圣经译本）。重要的是，你要遇见神。总要记得，是圣灵引导你明白你所读的内容，也是圣灵使你有能力和朋友分享生命。一个门徒训练系统并没有错，错的是敬拜高举你的训练系统，将之强加于别人身上。

这样，我们的老师就会有很多，有恩赐的领袖、我们的弟兄姊妹，最终还有圣灵。当我们看新约的教导时，还有什么应用呢？有下面几个方面的应用。

首先，我很惊讶，早期的基督徒将帮助其他基督徒在信仰上成长看成是自己的责任。成熟的教导对于基督徒的成熟而言是必要的。事实上，我们可以从彼此学到很多，注意那位说"你不需要别人教导你的"正是你的老师。一个很有意思且很重要的真理，希伯来书的读者被鼓励要成为老师（来5：12）。你看，我们躲在生命角落，不和其他的基督徒发生联系，这是无法活出基督徒的样式的。我们花些时间想想，教会是基督的身体的比喻（林前12：12），身体的每个部分都不是独立的。换句话说，我们需要彼此！不仅仅是需要学习神的话，顺服神的话。我鼓励你寻找这样一间教会，彼此鼓励彼此帮助的教会。你所参加的教会，你要确认教会的教导是坚实的，回应是热诚的（演讲式的讲道并不排除听众的回应）。你也要加入一个圣经学习小组。记住，所有的信徒都是彼此互相学习的，教师和学生都是罪人，也都是学生。如果可能的话，要有更多的圣经学习课程。如果一个地方教会特别重视圣经学习，这个教会就会变成一个学习中心，成为一个高举真理，教导真理的地方。

其次就是顺服的重要性。知识本身绝不是我们追求的目标，"知识让人自高自大，唯有爱心能够造就人。"（林前8：1）你不需要一定拿到一个学位文凭，也不要嫉妒哪位博士，不要垂涎他的学位，因为这只是一种人为的身份地位象征。同时，绝对不要忘记你需要培养和基督之间的关系，出于爱的顺服永远是我们最好的回应。

有一天，从中东地区来的一位客座讲员到我们教会讲道。他讲述了在巴基斯坦地区基督徒奴隶女孩的悲惨遭遇。他告诉我们，只需要两千美元就能够救一个女孩脱离那种悲惨的状况。我立刻就感到圣灵告诉我要做些什么事，我请求长老可以让我讲话，然后我说："弟兄姊妹，圣经非常清楚地教导我们，我们有责任帮助这些在基督里的姐妹们。保罗在罗12：13不是教导我们，要将我们所有的与那些有需要的神的子民分享吗？这是一百美元，今天在我们中间难道没有另外十九个人愿意帮助一位巴基斯坦姐妹脱离奴役吗？"整个房间里的人都举起手来，这个需要很快就被满足了。对我来说，如果我知道圣经说"要将我们所有的与那些有需要的神的子民分享"，然后我心里却想"那又怎么样？我不关心，我不想做什么。"这对我而言是非常困难的，冷漠，我做不到！圣灵默示圣经目的不是让我们知道一些知识，而是借着这些知识信息，在我们里面产生基督的品格，使我们可以承担彼此的重担，完全上帝的律法（加6：5）。很可能我们的资金问题并不是财务本身，而是属灵的问题。

　　第三个方面就是反理智的危险，这使我感到震惊。这是对理性的怀疑。关于这个现象的讨论，有一份很著名的文献是由理查德.霍夫施塔特写的《美国的反理智主义》。基督教是一个理性的信仰，我永远不会忘记弗朗西斯.薛福对一群瑞士的基督徒说的话，"当人成为基督徒之后，他们不需要将自己的头脑藏起来。"你会发现保罗在城市待了很长时间（比如说以弗所），他主要是在教导。早期教会花很多时间来训练新门徒。如果属灵生命需要喂养，那么理性也需要。如今解经技巧特别重要，因为人们越来越讨厌花功夫来自己挖掘圣经真理。圣经禁止我们像动物一样不思考，而是命令我们要在理性上成熟（诗篇32：9，林前14：29）。约翰卫斯理说，"对于我们非常重要的一点就是，如果我们放弃了理性，就等于放弃了信仰，信仰和理性是手牵手的，所有没有理性的信仰都是虚假的信仰。"理由很简单，神创造我们成为一个有理性的人。反理性主义对于平衡的基督教是一个巨大的威胁，我们应该追求的总是理性和情感的结合。

　　这给我带来最后一个观察。除了我们所宣称的使徒信经，对于这个或那个教义，我们总是会有一些不确定和疑惑之处，而我们需要学习与之相处。我是一个浸信会信徒，而这本书是由循道会出版社出版的。很多人经常会说，"这难道不是一种妥协吗？"事实不是这样的，我们可以确信我们所信仰的，但却不能骄傲，我们需要谦卑。我记得在几年前参加了一次在三一神学院的会议，这次会议的主题是宣教的确信。肯尼斯.坎泽尔从北美福音派中的每一所较大规模的神学院都邀请了两名教授，在一起花两个星期的时间来讨论教义。我们立刻就发现彼此有很多不同，有些人觉得恩赐只是暂时的，有些人则认为恩赐现今依然存在。但是，他们都同意圣灵的工作对于基督徒生活是不可缺少的。基督徒对此应该毫无疑问。

　　我们当然需要警惕错误的教义。当我们读加拉太书的时候，圣经警戒基督徒若在基督所完成的工作上添加些什么，那就非常危险了。因此，我们需要非常小心任何偏离正统教义的东西。但还是有很多真理可以将基督徒团聚在一起，我们应该为此感谢神。圣经将我们带到救主的面前，祂是我们如何生活的完美榜样。我们变得越来越像耶稣基督的样式，这并不会在一夜之间就发生。我们依然会感受到罪的力量，可一旦我们有基督在我们里面，活像耶稣基督的这个过程就会一直持续下去，直到所有的障碍都被挪去，在我们和主之间没有任何拦阻。

在那一刻之前，让我们继续委身使徒们的教导，不仅是我们个人，也包括我们的教会。

第四章 真诚的关系

他们委身于团契当中。

我们在第一章里就看到早期基督徒忠心地向他们的邻舍传福音。他们传福音事工既是不间断的，也是以关系为基础的，成果令人惊讶。毫无疑问，他们影响力的秘诀就是彼此之间特别关心。简单地说：他们享受这种新生命，而这也吸引别人来亲近救主。展现这种新生命的方式就是他们之间的团契。路加所使用的希腊文是κοινωνια这个词，在新约圣经中，这个词被翻译为团契、分享或贡献。我觉得此处最好的翻译应该是分享。这些早期的基督徒彼此分享生命，他们有同一个心志，同一个意念。因此，他们与彼此热切地分享所有的一切，甚至凡物公用（徒2：44）。他们的团契突破了所有的障碍。

现今的教会常常忽视这一点，我们缺乏κοινωνια，缺乏真诚的关系。这阻碍了很多人想要寻求真诚关系的愿望。在我们失败的地方，早期基督徒却是成功的，因为他们真心彼此关注。我们无法忽视他们是如何表达彼此真诚的。我们从新约当中，可以看到他们至少在三个方面彼此表达爱。

第一个方面，教会委身于成熟的教导。新约中有三段经文直接谈到这一点。在来10：24-25，我们看到，"又要彼此相顾，激发爱心，勉励行善，你们不可停止聚会，好像那些停止惯了的人，倒要彼此劝勉，既知道那日子临近，就更当如此。"这段经文所教导的真理远超过责备那些周日不去教会敬拜的人！

另一段经文是林前14：26，"弟兄们，这却怎么办呢？你们聚会的时候，各人或有诗歌，或有教训，或有启示，或有方言，或有翻出来的话，凡事都当造就人。"

最后一段经文是彼前4：7-11，"万物的结局近了，所以你们要谨慎警醒地祷告。最重要的是要彼此切实相爱，因为爱能遮盖许多的罪。你们要互相接待，不发怨言。你们要作 神各样恩赐的好管家，各人照着所领受的恩赐彼此服事。讲道的，应当按着 神的圣言讲；服事的，应当按着 神所赐的力量服事，为要在一切事上，使 神借耶稣基督得荣耀。荣耀、权能都是他的，直到永永远远。阿们。"

这些经文的教导难道不重要吗？我们的教会应该是健康的，应当有真诚的关系，以至于我们愿意用恩赐来服事教会里的其他肢体。然而，很少有教会相信这一点。我们没有真诚的教会生活，没有委身于彼此团契的事工，没有期待神可以的确使用每个信徒来建造基督的身体，我们并不觉得一同参与到其中是非常重要的。然而，在教会中却有这样的需要，我们都渴望有更深入的委身。然而对此的回应往往是"之前从来都没有这样做过。"这些真挚的请求看起来非常极端，因为今天的教会已经偏离早期教会的榜样很远了。或许我们真的需要改变了。上面的经文清楚表明，聚集在一起的主要目的并不是敬拜（敬拜是我们每人每周七天，每天小二十四时都应该做的事，请看罗12：1-2），而是为了彼此建造。所有的基督徒都蒙召做全时间的工人，而不是只有部分人蒙召。早期的基督徒对于圣俗两分的区别完全不赞同，教会里的每个信徒都参与服事神。正如埃米尔.布伦纳在《教会的迷思》一书中写到：

最重要的事情是：在那些事奉的人和没有事奉的人之间；在那些主动的和被动的人之间；在那些付出和接受的人之间；在所有人之间都没有分别，甚至是一点点的区别都没有。在教会中的每一份子拥有共同的责任、服事的特权，都准备好服事，都同时发挥自己的作用。

当我们聚集在一起的时候，要专注彼此的成长。每个基督徒无一例外都有事工，包括你在内。你可能会说，"我能教导吗？"正如我们在第三章所看到的，答案是肯定的。当然教导是监督的特别职责（他必须要善于教导，提前3：2），但是这并没有把其他人排除在教导责任之外（西3：16）。保罗允许任何人都参与到话语的事奉中，如果他有这样的圣灵带领（林前14：26-29）。"我可以施洗或带领主餐吗？"在新约圣经中，我们没有找到一处经文说谁才能施洗或带领主餐。施洗与主餐都是仪式，那些认为只有特别的人才能主持圣礼的想法并没有忠心地跟随圣经的教导。如果我们想要看到健康的教会生活，我们就必须要在自认为什么是事奉的观念中有革命性的改变。在一间小教会里，我们有可能将分享的时间与聚会的时间合并在一起。在一间较大的教会中，小组是最好的形式，我们可以在小组里借着神的话和祷告来彼此服事、分享信息。不论你是在教会还是在家中，都要建立真诚的关系。任何能促进建立每个人都参与的事工，我们都应该鼓励。

第二个方面，早期教会彼此关心。在这样的团契中，我们可以感受到彼此之间的关系。他们彼此之间的爱是令人惊讶的。他们彼此分享财产、食物甚至是自己的生命。他们不断地彼此相爱是出于真诚，这种爱只能来自于圣灵——将神的爱浇灌到他们的心里（罗5：8）。他们不断为彼此祷告（我们在第六章会更多谈到祷告），他们对于彼此的爱生机活泼，很容易感染别人。他们的聚集是为了彼此的益处，正如我们所看到的。恩慈随处可见，他们变卖了自己的财产，分给任何有需要的人（徒2：45）。不像今天的教会，他们的奉献是充满牺牲精神的，也是慷慨的。这些早期的基督徒并没有将属灵的事情和物质事物分开。他们的理由是：如果教会连寡妇都不关心，那还会关心谁呢？如果教会都不为那些社会中需要帮助的人出力，那还会有谁这样做呢？不管你怎么看这件事情，早期的基督徒就是关心他们周围需要的人。

我们需要这种态度！我们是否好客？是否很乐意为陌生人开放我们的家庭？早期教会这样做！我们是否乐意为其他基督徒提供他们所需要的？早期教会这样做！我们是否关心那些寡妇和孤儿？早期教会这样做！我们蒙召要成为仆人，耶稣在寻找那些愿意牺牲自己来服事祂的门徒。那些有爱但没有真理的人，以及那些有真理却没有爱的人，都是神所不喜悦的。这两者皆是必须的！因此，让我们来彼此服事吧！你可以每天都服事神，而不只是在周日或上神学课的时候。你可以服事你的同事，你的邻居，你的家人，在大街上遇见的陌生人。你可以这样做！

　　第三个方面，他们看重教会的合一。我们在上一章看到，合一在新约时代的领袖当中扮演了非常重要的角色。教会里没有所谓的教师阶层，没有主任牧师（除了耶稣基督），没有所谓高人一等的人，他们一同分担领袖的责任。这样的情况在今天教会中是极其罕见的，甚至是在长老制的教会中也是一样。我非常笃定，没有人会反对他们教会的"主任牧师"放下自己的头衔，归还给一个团队。

　　在他们做决定的时候，我们也可以看到这种合一。早期教会使我感到非常吃惊的一点就是他们的一致性。他们在做决定之前，花时间寻求神。而今天当我们做决定之前，需要是民主程序。今天很少有人愿意坐下来思考投票的想法是从哪里来的，每个人都参与事奉的价值在于看重一致的决定。对我而言，有很多好理由拒绝我们自己发明的做决定的方法。不仅仅是因为这些方法缺少圣经的依据，也因为它忽视了早期教会的榜样。在徒15章，我们读到初期教会需要做一个重要的决定。所有信徒都一起寻求神的心意，他们共同找到了神的心意。他们做决定的方式并不像做生意的方式，议案最少，但所带来的合一却是惊人的。正如雅各所说（徒15：28），"灵和我们都觉得…"。而我们采取投票，然后留下一小群伤心的人。早期的教会等候圣灵，这带来了合一的整体。当然不需要把使徒行传15章中情况看成是一种规范，但对于我们所身处的二十一世纪而言是一个很好的提醒，这种做决定的方式会给今天很多教会带来巨大的改变。为什么我们在很多方面都因犹豫不决而结束？我们是否担心圣灵的工作和祷告不能带领我们达到合一？但是早期的基督徒并没有这种担忧，我们还有很长的路要走，才能像他们一样敏感圣灵的带领。如果每个人都真诚地寻求圣灵的引导，祂就会引导会众做出一个清晰的决定。

　　最后，我们可以看见他们的合一委身于大使命中，这是他们最关心的事，并且视大使命为生命的第一优先。耶稣已经命令他们要为主做见证，要去向万民宣讲福音（可16：15），而这也正是他们所做的。对于新约时代的基督徒而言，传福音是首要的事情。不管付出什么样的代价，他们都竭力传福音。注意，这是因为他们渴望顺服主，是圣灵在他们中间工作的结果。神将圣灵赐给教会，就是要装备信徒在一个前所未有的范围内为基督做见证（徒1：8）。他们不是在那里仅仅谈论要去，而是实实在在去了，安提阿教会就是这个方面的典范。信徒们非常心甘乐意地差派他们中间最有恩赐的两个领袖去其他地方拯救那些失丧的灵魂，他们的付出是非常慷慨的。但正因如此，福音被传开了，许多男女都归向耶稣基督，新的教会建立起来。

在本章中，我们看到早期教会的一些特征。他们在一起的生活是多么的令人惊艳！这样的榜样也许太理想化，今天无法复制。我们可以讨论团契，但如果我们表现出来的像一群孤芳自赏的人聚在一起，那么没有人会相信我们所说的。路加向我们描述的早期教会的榜样应该使我们停下来，好好思考。

约瑟夫.海勒曼是《什么时候教会是一个家庭》这本书的作者，他对于教会有非常重要的观察。书中写到，"现在，我们的弟兄姊妹应该悔改，我们不仅要称义，而且要进入一个家庭，因为当我们相信福音的时候，我们就有了一位新父亲。我们现在要传讲这个福音的事实，即个人的救恩联系到团体性的事件，信靠神改变我们的生命，相应也改变我们的教会。"现今的教会可以从早期教会的真诚关系当中学习很多真理，他们是我们的榜样。如果我们想要找到秘诀的话，其实不需要去远处寻找，这秘密就在圣灵里。祂的能力已经赐给我们每个人，而且祂会改变我们的生命。如果我们让圣灵在教会中掌权的话，无法想象圣灵会对我们的教会带来怎样的改变。这种改变会再一次发生的！

第五章
以基督为中心的聚会

他们委身于掰饼

这是新约教会的第五个标志——掰饼。和大多数释经者一样，我认为这是指圣餐。毫无疑问，圣餐是早期教会聚会事奉的中心。之所以是中心，因为这是耶稣基督命令祂的跟随者们要遵行的，为的是纪念祂（林前11：24）。我们今天聚会的中心往往是讲台，但早期教会却是圣餐！在圣餐礼拜中，耶稣基督成为我们的焦点。

过多久有一次圣餐呢？如果我们对比徒20：7（"礼拜日，我们聚会擘饼的时候，保罗对大家讲道，他因第二天就要起行，就一直讲到半夜。"）和启1：10（"有一个主日，我在灵里，听见在我后边有一个大声音，好像号筒的响声"），看起来当时每个主日都掰饼。为什么这不能成为我们今天的方式呢？今天的聚会变得常常以人为中心，但在当年的耶路撒冷却不是这样！他们特别强调公众聚餐，敬拜基督，高举基督，所有的信徒都在基督里面联合。但如今，我们很少在聚会中看见聚餐和主餐同时出现，这样我们就无法在一起享受这种美好的团契。初期耶路撒冷教会的做法应该值得大大推广。每周这样的服事可以给信徒带来极大的感动，这将是一个分享、唱诗、教导的时间，有很多祷告，或许有还感动的泪水。这也许会持续较长的时间，一小时之内可能完不成！（每个家庭成员都知道，在一起的团契时间是不可预计的。）但是，如果团契是以基督为中心，这样的做法会带来深远的影响。

在这一章里，我想要和你一起思考为什么主耶稣的圣餐是如此重要。这里有三个关键的要点：

圣餐非常重要，因为这使我们回想十字架。

圣餐非常重要，因为这象征甚至带来了教会的合一。

圣餐非常重要，因为这使我们渴慕基督的再来，同时也激发传福音的热诚。

圣餐非常重要，因为这使我们回想十字架。基督的十字架是失去一切的记号——遭受羞辱、被拒绝、完全的损失。然而基督的死也是一个全新的开始。那些接受耶稣基督的人不仅有永生的应许，也开始了每日与主耶稣同行的天路旅程。一个新生命开始了，祂和我们一同经过人生所有的痛苦和悲伤。我们经历失去，然后得到；软弱，然后刚强；死亡，然后复活——这个循环周而往复。圣餐是对这一切的唯一见证。在其中，我们可以看到牺牲之爱、祂的同在、祂再来完美的荣耀。我们常常误认为基督教是一面盾牌，保护我们远离生命中的一切苦难。但真正的福音也包含了十字架的苦难。十字架使我们认识到神对于痛苦并不陌生；十字架使我们明白神透过痛苦来爱我们；十字架提醒我们记得神如何使用痛苦来完成祂的旨意；十字架使我们盼望神最终会借着复活战胜罪。正是在十字架上，痛苦的问题才得到彻底的解决。有时候神使用痛苦在我们里面产生坚韧和舍己的品格。还有些时候，神使用痛苦来装备我们，可以用神给我们的安慰去安慰那些与我们受同样痛苦的人。在十字架上，耶稣带走了所有的痛苦，赢得了胜利。

圣餐也提醒我们，我们的创造者也是我们的拯救者。基督已经洗净了我们的罪，承担了神对我们的愤怒，救主站在我们的地位上承担了罪的工价。有些基督徒的聚会明显是羞辱救主，因为他们从来没有进到这样的深度。他们的焦点不是基督，而是社会改革。你也许会问，"难道福音没有为社会问题提供答案吗？"当然提供了答案，但福音是为了解决更深层的问题，这个问题就是我们与创造者之间的隔绝。除非我们清楚明白与神和好的工作，除非我们专注于基督是人类与神关系的答案，否则我们就没有真正明白福音是什么。因此，福音首要处理的问题就是神和人之间破裂的关系。圣餐就是对此的提醒！

圣餐非常重要，因为这象征甚至带来了教会的合一。我们在前一章当中看到合一对于早期基督徒是何等的重要。他们的领袖合一，在做决定时合一，传福音的热诚合一。所以，当看到他们在守主餐方面也合一的时候，我们就不觉得奇怪了。关键的经文是林前10：16-17，

> 我们为福杯祝祷的时候，难道不是共享基督的血吗？我们掰饼的时候，难道不是共享基督的身体吗？因为事实上只有一个饼，我们人数虽多，还是 一个身体，因为我们都是分享同一个饼。

注意保罗在这里没有说，因为我们是一个身体，所以我们分享一个饼。恰恰相反，是因为我们分享一个饼，然后我们就成为一个身体。这是一个令人惊讶的真理！当一个人拿起一片饼的时候，他正在建立一个和其他人的合一。这也解释了保罗为什么坚持必须要用一个饼；解释了为什么保罗劝勉哥林多信徒要耐心等候，直到所有信徒都在场参与圣餐。当地方教会的信徒聚集在一起领饼和杯的时候，信徒们就成为一个身体，因为他们都一同参与到圣餐中。上下文告诉我们，保罗考虑到哥林多信徒不合一、结党纷争，那些有钱人很容易在贫穷人到来之前就大吃大喝。保罗说，这样的行为让圣灵担忧，拦阻了圣灵在信徒中的能力及满有恩典的工作。

我觉得很多现今的教会并不愿接受保罗的教导。从保罗的教导中，我们需要一个饼和一个杯，而其他的形式（分好的饼和小杯子）在实际操作方面的确方便了许多，却没有达到保罗所教导的圣餐合一性的目的。圣灵的工作是使基督的身体合一，而不是分裂基督的身体。在任何时代、任何地点，我们要做的就是保守圣灵所赐的合一（弗4：3）。这意味着要顺服保罗在林前10：16-17所教导的真理。如今，可能非常不欢迎"一个饼"的教义，但这却是新约圣经清楚的教导。

圣餐非常重要， 因为这使我们渴慕基督的再来，同时也激发传福音的热诚。

作为基督徒，我们需要抵御大多数西方人的假设——今生就是一切。我们在地上生活只是永恒的预尝。因此，我们不能只关注今生和当下。永恒渐渐临近，耶稣就要再回来了！我们所寻求的是天国，而不是地上的国。这难道

不是圣餐所关注的吗？因为在圣餐中，我们被再一次提醒，耶稣要再回来。"每逢你们吃这饼，喝这杯，就要纪念主的死，直到祂再来。"（林前11：26）。耶稣基督再来是何等的荣耀！祂第一次来，表现出极大的谦卑。但是祂再来，将会在大能与荣耀中再来。祂再来的时候不是作为救主，而是作为审判者，祂会迎接我们进入神的国，这是祂第一次来到这个世界的时候开创的国度。基督徒一定不能忘记这未来的盼望！早期教会知道主就快再来（腓4：5）。所以，我们感谢主——祂是活着的，祂认识你，祂爱你，祂在你的生活中工作，祂会再来纠正一切的错误。这值得我们为之喜乐！

当然，对未来的盼望不能成为我们消极对待今天的借口。然而，令人难过的是，基督再来的真理仅仅变成一种神学上的辩论话题。难道祂快要再来无法催促我们更完全的顺服吗？难道祂的再来不能在我们心里带来紧迫感，让我们更加积极地向周围失丧的人群分享福音吗？难道君王的再来不能激发我们更多效法主耶稣在十字架上舍己的奉献吗？对于教会而言，没有比遵行主的命令，使万民做主门徒更为迫切的使命了。"主已经近了！"我们需要再一次省察自己的良心，重新厘清我们的优先顺序，让基督在十字架上的赦免重新赢得我们，重新调整我们的生命，将福音带向地极。

因此，圣餐绝不允许人内向化。我们应该宣扬主的死，直到主再来。这不仅仅是纪念主的死。我们在每天的生活中要活出圣餐的精神，否则我们就会发现聚会是呆板和冷漠的。热切盼望主的再来，与热切为主在这个世界上做工是紧密相连的。如果任何一面要保持健康的话，它们就不可分开。正如我们祷告说"主啊，快来"（启22：20），我们也祷告"愿你的国降临，愿你的旨意行在地上，如同行在天上。"（太6：10）。祈求神的国扩展到你周围的人心里，就是那些还不认识神的人心里。试着做任何你所能做的事，来扩展祂的国度。要操练与这位复活的主、马上要再来的主每天交流同行。总之，我们要活得好像祂今天就来了，而不是傻傻的坐在那里望着天。做任何你可以做的，寻找拯救那些失丧的人，就像主耶稣所做的一样（路19：10）。没有比这更大的喜乐了！

第六章　　热切的祷告

他们委身于祷告

你相信祷告吗？早期教会相信。在使徒行传中，没有比神回应祷告更令人惊讶的事了！圣经这样描写"他们热切地祷告。"此处"祷告"这个词在原文当中是复数形式，这是什么意思呢？至少意味着这些信徒常常祷告，甚至有几次提到全教会一起祷告。这是你们教会的特征吗？这是你的特征吗？

最近我和一个埃塞俄比亚人有一次关于祷告的长谈。他对于美国教会祷告如此之少感到非常吃惊。美国有数以百计的教会致力于发展项目活动，但却很少有祷告聚会。甚至在周三晚上的祷告聚会，也不过是查经聚会外加几分钟祈求祝福的祷告而已。如果我们自己不是一个祷告的人，又如何盼望得着这个失丧的世界呢？！

在使徒行传里，我们看到早期的基督徒十分看重祷告。五旬节之前，我们看到使徒们委身于祷告，他们和主耶稣的母亲及兄弟们一起祷告（徒1：14）。当教会要选出七位弟兄帮助那些被忽视的寡妇的时候，他们一起祷告（6：6）。当圣灵拣选巴拿巴和保罗去宣教的时候，教会就一起祷告，然后差派他们（13：3）。当保罗在每个聚会点按立长老的时候，他祷告（14：23）。当教会面临逼迫的时候，他们祷告（4：23-31）。彼得和约翰为撒玛利亚人祷告（8：15），保罗和西拉在监狱里祷告（16：25）。保罗与以弗所的长老们一起祷告（20：36），与推罗的信徒一起祷告（21：5），在耶路撒冷的圣殿祷告（22：17），与船上的二百七十六个人一起祷告（27：35），为在马耳他的部百流的父亲祷告（28：8）。如果我们要问祷告在早期教会生活中扮演什么角色，上面的答案已经足够多了！教会是在祷告的氛围中出生和成长的！

在过去十年里，我到访过埃塞俄比亚十七次，经历了对祷告的委身。一整天的祷告聚会并不罕见，教会的领袖们用一整天的时间在一起祷告。如果没有例外，每个地方教会都有祷告团队，每周至少见面一次，一起祷告。这些信徒并不是从一开始就这样祷告的，他们的祷告生活是因为长期面临逼迫和苦难而形成的。如果新约教会的这种模式要在我们当中实现，恐怕我们也需要逼迫了！对于埃塞俄比亚人来说，拿出一整天来禁食祷告，并不是很难的事情。那么我们为什么不能这样做呢？你现在很少看到教会有祷告会，更不用说挪出一整天来禁食祷告了！看起来我们不愿意依靠神了！我们已经从对神的信靠转移到依靠经商的方法了。神乐意赐给我们好东西，这些好东西都是我们所绝对需要的，但是祂期望我们向祂求这些东西，迫切地向祂求。所有基督徒都蒙召过一种祷告的生活。新约教会是在祷告聚会当中诞生的（徒1：14），保罗书信中也充满了很多祷告的劝勉，看起来在他所有的事奉中都非常享受与神亲密的关系。

但是，什么是祷告呢？这又怎么可能呢？

有很多定义祷告的方式，或许最基本的部分是与神交流。祷告是一种态度，也是一种行动；既是交流也是团契。定义祷告在圣经中的含义，最重要的一种方式就是查考新约圣经中用来表达"祷告"这个词的用法。Προσευχη这个词非常重要。这个词的动词形式是προσευχομαι，在新约中出现了100次之多，在使徒行传中就出现了25次。Προσευχη包括向神说话，但远超过这一点。对于基督徒而言，这更是一个向神保持的态度，也是一个行动。我们可以将之称为一种全然祷告的态度。因此，保罗命令基督徒要不住地祷告（帖前5：17）。这不是指一种与神持续对话的状态。此刻我正在写这本书，而没有祷告。那我是否就没有遵守这个命令呢？保罗在这里所说的祷告不是指一直向神说话，而是享受与神之间的团契关系。我们可以说，祷告的本质就是与神对话。我想也就是凯锡克运动所强调的操练与基督同在。祷告是从意识到救主的同在开始的。如果我们与神没有个人关系，那祷告不会带来任何结果。祷告就好像朋友聚在一起，有时候我们会说话，有时候则不说话。你是否认识这样的人，他们享受和自己爱的人在一起的时间？祷告的人就是这样的状态。

但是关于祷告的本质，还有很多是必须要说的。还有另外三个希腊词语值得我们注意。第一个是διεσις，这个词的意思是祈求。另一个词是αιτεμα，意思是请求，在新约中很常见。最后一个词是ευχαριστια，这个词的意思是感谢。这些词并非指不同类型的祷告，而是描述祷告的不同方面。将这些方面都综合在一起，我们可以这样说——祷告是与父神的一种交通，我们带着我们的祈求和请求来到祂的面前，因祂的慈爱和信实，向祂献上我们对祂的感谢和赞美。如果没有这种祷告，一个教会不可能是健康的！但是，怎么才能有这样的祷告呢？

答案是：不可能有这样的祷告！我们无法描述一个基督徒在祷告方面是多么软弱和无能，罗8：26-27很清楚地表明了这一点。保罗在这里教导我们说，祷告是圣灵在我们里面的工作。也就是说，如果没有圣灵的帮助和同在，我们这些基督徒是无法祷告的。在这个方面，保罗说祷告最终是三位一体神之间内在的交流：即神借着我们对神说话。这是一个极深的真理，也是一个令人惊讶的反合性真理。除非圣灵祷告，我就无法祷告；但是除非我祷告，圣灵也不会祷告。这也是保罗在弗6：18中试图要说明的。他说，我们要在圣灵里不住地祷告。有些释经学者解释说这里是指用方言祷告。但我们几乎没有理由接受这种观点。"在圣灵里祷告"可能包含方言祷告，但保罗在此处用词的含义非常广泛，它包含了我们献上所有类型的祷告。保罗的观点主要是，祷告不是一种能靠自己的行为。是圣灵，也只有圣灵祷告能赐给我们力量，从而使我们祷告。这是一个极其重要的真理。我们不要认为可以没有圣灵的帮助就能祷告，一刻也不行！要对圣灵的感动保持敏锐。当圣灵带领你祷告时，你就祷告。没有可以代替的其他方式了。是圣灵促使我们祷告！

我们每个人在每天与神同行的日子里，都会遇到困难和压力。这考验我们的信仰，也督促我们花更多时间在祷告中与神交通。如果我们这样做，就是更深的依靠神。除非我们是一个祷告的人，否则如何能胜过看不见的邪灵对我们的攻击呢？神的子民要靠膝盖才能不断前进。把你心里的一切告诉神，向祂说话，正如你向最好的朋友说话一样。一定要奉耶稣基督的名献上祷告，这是祂给我们的命令（约14：13-14，16：23-28）。奉耶稣的名祷告不是一种咒语，可以给我们的罪行开路。只有当我们基于和基督的关系，并且按照神的旨意祷告的时候，奉耶稣的名祷告才有效。祷告包括调整、甚至放下我们的期待与计划，来顺服神的旨意。

　　劳伦斯弟兄在他的书《与神同行》中写到，有些他与神最亲密的时刻不是跪在那里祷告的时候，而是平常站着与神不断交流的时候。试着在嘈杂中，在你困惑的时候操练与神同行。要记得，你可以在洗澡的时候祷告，在慢跑的时候祷告，甚至坐在教室里无聊的时候祷告。当圣灵将祷告的话放进你心里的时候，要立刻回应，不管是一句"帮助我"，或是简单的"感谢主"，祷告就是说出我们对真神活神的依靠。神对于我们献上的每一个祷告的回应都是一样的：祂与我们同在，祂以大能胜过我们一切的软弱。

第七章　牺牲的生活

所有信的人都在一起，凡物公用，并且变卖产业和财物，按照各人的需要分给他们。他们天天同心在殿里恒切地聚集，一家一家地擘饼，存着欢乐和诚恳的心用饭，又赞美神，并且 得到全民的喜爱。主将得救的人，天天加给教会。

牺牲的生活是新约教会一个最好的特征。如果神的最终计划是差派祂的儿子来装备教会完成这个使命，那我们需要问——这个使命是什么?就是圣灵在教会中的作为，即传福音和团契，这两方面必须平衡。我们来看徒2：43-47，你会在这段经文中看到救恩必然带来服事，无出其右。五旬节被差来的圣灵是主耶稣至高的仆人。当你弯下腰来洗别人的脚的时候，你的基督徒生活就达到了高峰。除非你有一颗真诚奉献的心，除非你乐意奉献你的金钱和财产，否则这个世界不会因我们的团契关系而觉得特别。一些基督徒竭力强调拯救灵魂，却忽略了社会关怀，这带来极大的破坏作用，因为他们宣讲的福音都进了聋子的耳朵。早期教会根本不存在将灵魂得救与社会关怀分开的想法，他们对彼此的爱是令人惊诧的。没有这种爱，传福音就失去了效果；没有这种爱，世界不会被福音感动。早期的基督徒没有隐退到修道院里，没有将属灵和世俗分开。相反，他们在这个堕落的世界活出神的爱。我们可以这样说，早期的基督徒以自私的爱为耻。

当我思考那些因彼得讲道而信耶稣的人，他们是如何通过活出福音来传讲福音的，我相信他们成功的最大因素就是对基督的爱。基督的跟随者应该越来越像基督，其结果就是教会真正关心那些贫穷和有需要的人。非基督徒会惊诧于这种改变，他们想要了解其中的原因。

　　今天也是如此，世界在寻找真正的关系。除非看到行为中蕴含着爱，否则他们不会对基督徒所说的感兴趣。2004年，我第一次去埃塞俄比亚，我和我妻子遇到了一个瞎眼的小男孩，他在一个偏僻的小村庄里卖小饰品。我们后来一直也没想起他，直到我们返回美国。有一天，我妻子问我，"亲爱的，你还记不记得埃塞俄比亚那个瞎眼的小男孩？你觉得我们是否应该做点什么来帮助他？"

　　我们就为此祷告，主带领我们要帮助这个男孩做一个角膜移植手术。当他在安第斯阿巴巴城市医院康复的时候，我们安排他住在门诺会大学，我之前在那里教希腊文。他在那儿成了一名基督徒。他问一个学生，"为什么每个人都这么爱我？为什么布莱克博士和他妻子这么爱我？"那个学生就和他分享耶稣基督的爱。那一天，这个小男孩就成了我在基督里的弟兄。我曾有机会在埃塞俄比亚向很多穆斯林分享福音，其中也有几个信了福音。他们问我，"你为什么离开美国，到我们的村庄，住在小屋里，和我们吃一样的食物？"我就告诉他们那位舍弃了天上的荣耀，来到世界为世人的罪死在罗马人的十字架上的耶稣。

　　福音和社会关怀应该紧密联系在一起。这两个方面对于大使命都是非常重要的，个人归主总是应该带来社会责任。当基督徒将他们的信仰与社会关怀分开的时候，这是极大的羞耻。总之，上帝拯救人，人们就应该分享福音和社会关怀。这就是使徒行传2章中的教会所做的事情。在此，我们看到他们并没有把信心和行动分开，传福音会立刻带来社会关怀。当然传福音总是优先，这是一个过程，传福音是社会关怀的开始，所有真诚的社会关怀，都是福音救恩的延伸。

　　今天的基督徒需要重新恢复这种全备的福音观，只有真诚委身于大使命，才能一方面避免廉价福音的危险，另一方面避免博爱主义、社会福音的危险。委身于传福音必然委身于文化责任。我们不可能既坚持信主优先，又将这种真诚归信与社会责任分开。基督徒常常专注于福音的传讲，而忽略了活出福音。作为对这种现象的回应，另一些人则强调社会关怀，如建医院、学校等等。那么早期基督徒是怎么做的呢？将属灵事物与社会责任分开，早期基督徒没有这个概念。他们既传福音，也活出福音。他们真诚地关心周围的人，甚至因为对有需要的人的爱与帮助而闻名遐迩。使徒行传的教会是外向教会。对他们而言团契不仅仅是一起吃饭，他们非常慷慨地支持别人，甚至跨越了种族和国家（见徒6章）。是今天教会的一个极好的榜样。

我是一个在全世界宣教的宣教士，我的经历告诉我，一旦基督的爱抓住了你，你就再也不会满足于只过一种"还算不错的基督徒生活"。我带领过很多团队去埃塞俄比亚，他们希望通过跨文化宣教来鼓励他们的弟兄姊妹。借着这种方式，我看到基督身体的大公性，我们都是基督教会中的一员，我们彼此支持，为彼此祷告。当有需要的时候，在经济上互相帮助。结果会怎么样呢？不管是本地教会，还是海外教会都得到了更新和成长。

有些教会的肢体有机会到海外教导实际的技能。我记得曾经带一个农夫和我一起在埃塞俄比亚南部有一年的时间，去教导那里的农民如何养牛。他给他们开办农业研讨会，分发产量高的种子。在这些基础上，他也很专注于和他们分享基督的爱，在他们面前活出基督的爱。我认识很多医生、护士、老师，他们都有同样的事工。正如早期教会一样，他们认识到必须向失丧的人传讲福音；也像早期的基督徒那样，他们没有在个人福音和社会关怀之间设下藩篱。我们今天多么需要平衡这两方面啊！

我发现一个非常有趣的事，同一个希腊词语（κοινο-νια）可以翻译为团契，也可以翻译成金钱奉献。早期基督徒是奉献的基督徒，他们是一个家庭。因此，他们彼此关心，他们的爱给人留下非常深刻的印象，以至于人们惊奇"看，这些基督徒是多么彼此相爱啊！"现在，你是否明白耶稣为什么说，"有钱的人进天国是难的！"（太19：23）祂告诉其他人要将自己奉献给穷人，祂也是这样做的。正如保罗所说，"你们是知道我们的主耶稣基督的恩典的：他本来富足，却为你们成了贫穷，要使你们因他的贫穷成为富足。"（林后8：9）。我们要跟随祂的脚踪。基督教信仰拒绝贪婪，"因为圣灵赐生命的律在基督耶稣里使我自由，脱离了罪和死的律。"（罗8：2）。

这几乎总结了基督教的伦理观。基督徒不受制于人的规条，基督使我们得自由。因此，对行为的关注不再只

是外表行为，而是内在的改变，是圣灵使我们活出基督的
样式——牺牲的样式，甚至是遭人毁谤的样式。感谢神，
现在有越来越多的人愿意让神来使用他们的钱包。我想起
有一位老奶奶给在埃塞俄比亚的一个孤儿一百美元，而不
是给她的孙子买圣诞礼物，她的孙子甚至都不需要礼物。
我也想到一位美国姊妹，她花很多钱在埃塞俄比亚待了三
个月，为了照顾一名怀孕的妇女。这些人并没有积蓄，而
是学习智慧地使用他们的钱财，并且乐意奉献给其他人。

牺牲的生活对于基督徒而言是非常重要的。并不是说
基督徒永远不为自己花钱，在我们如何使用金钱方面需要
平衡。保罗清楚地说到，我们需要照顾我们的家人（提前
5：8）。这是否也包括属灵的家人在内呢？是否也包括奉
献支持宣教呢？我们是否拿出一部分金钱来支持基督教的
事工呢？如果你敞开回应神的带领，主会引导你，向你指
明在哪个方面可以发挥更大的作用。

正如我们在第四章所看到的，教会不仅仅是一个人
间的组织，她是一个超越所有障碍的团契。我非常喜欢路
加在这段经文中所说的，"信的人都聚集在一处，凡物公
用。"我们无法忽略爱的力量，这是神改变社会的策略。
祂将人从物质主义的捆绑中释放出来，建立了一个新的团
契。我们能否谦卑自己，从这些第一世纪的基督徒身上有
所学习？当然，我们的环境和他们的环境有很大不同，但
是我们可以从这里学到很多神学原则。在大部分西方教会
中，我们都已经丢失了牺牲生活的精神。一位基督徒对我
说，"我们是向自己奉献十分之一。"我们已经失去了面
向全世界的异象。难道我们已经无法在自己的教会中看到
这样慷慨的景象了吗？

我并不否认救恩是个人的事情，但救恩远超过个人
的事情。然而，很多传道人只专注救恩的个人方面，于是
基督教就变成人和神之间个别关系的一种宗教。这当然没
有错，却忽视了我们与其他人之间的关系，忽视了我们和
世界的关系。我们需要两方面保持平衡。因为罪是个人性
的，每个人都是罪人，这就是他个人的罪必须要得到赦免
的原因。然而，救恩也是社会性的，耶稣是万有的主。政
治、教育、经济、艺术都要降伏在祂神圣的主权之下。因

此基督徒必须要理解，尽管救恩是个人性的，神的国却远超个人的经历这个范围。

例如，我可以说我能够领人归向基督，但却不跟进关心他们。如果我这样做，就意味着我没有认识到基督的主权，因为我没有鼓励他们进入一个地方教会中，使他可以得到教导，可以明白基督的爱（约13：35）。在约翰.卫斯理的《圣诗》这本书中，他写到"基督的福音不是宗教性的，而是社会性的，不是孤独的圣洁，而是社会性的圣洁。"因此，我们必须面对这个问题：一个与神有真正关系的人，在服事神的时候难道有可能表现不出真正的爱和关心吗？

长老必须要鼓励他们的群羊，因为这就是神呼召他们要成为的样式。基督徒要成为有真理、有爱心、关心别人的人，尝试改变那些不合神心意的事情，寻找机会去满足别人的需要——无论是物质的、情感的、属灵的、经济的、教育的需要。我们在别人听我们讲话之前需要抓住他们的注意力。我们必须借着爱和行为，尽我们所能向他们展现神的爱和美好，帮助他们看到只要借着与耶稣基督的关系，就有可能改变人们之间的关系。事实上，唯有基督的爱才能将我们从罪中释放出来，并真正爱其他人（约8：36-38，加5：13）。

这不是什么全新的议题，这就是要我们活出信仰——在我们生活的每个方面都见证出所信靠的神。不管我们做什么，都带着喜乐活出神所要的——全心爱神，并爱邻舍如同自己。

保罗也曾经说，基督徒的团契是爱的完美纽带（西3：14），因为只有爱才能将整个身体每个部分都连接在一起。正统的教义是不会以自我为中心的，它终结我们个人的渴望与野心。只要外面的世界还有失丧的人需要拯救，有属灵疾病的基督徒需要帮助，我就不愿意在一个神学论点上争论不休。在十字架的光中，我们看见基督爱每一个人，不管是在埃塞俄比亚偏远山区的村民，还是繁华都市里的有钱人。你不可能既相信耶稣基督的福音，又相信自我满足的福音。远离僵硬的正统主义和自以为是的基要主义，只有一种方式，那就是在耶稣基督爱的光照下，将我们自己奉献给神。

　　我担心有一种残酷甚至是野蛮的基督教，表面上看起来很有能力，教义也纯正，但却没有任何怜悯和吸引力。没有人能活出比耶稣基督更圣洁的生活，然而我们的大祭司却是满有怜悯、同情和恩典的。祂与我们同住，却不会愤怒或者被冒犯。祂非常有耐心，能够理解我们，慢慢地将我们引回正路。与基督在一起的时候，我们总是安全的。我们可以从其中至少学到三个方面的功课：**我们要记得**话语是简单的，行动却是要付出代价的。**要记得**我们所说的话、出版的书都是无益的，除非这些话语被活出来。**最后，我们也要记得**圣经默示的目的总是要实践出来，神的仆人要得到充分的装备，预备行各样的善事（提后3：16）。阿里斯特.麦格拉斯在他的《十字架的迷思》中所写的非常令人佩服：

　　　　很明显，宣教和神学是紧密相连的，它们是不能分开的。然而，分离的情况在西方 神学院却成为常态。毕竟耶稣基督作为神亲自来到地上，成为人的样式，神学家们也应该 这样做。神学必须要来到地上，来服事教会和宣教事工。如果神学不愿意来到地上的话，也必须要被拉到地上。这样，关于牧养和宣教的神学理论就能帮助教会的需要，使其成长。

　　因此，我们不能假设神学可以和服事世界分开。我们越理解圣经，就会越理解我们的责任，我们要将自己的生活和未来都降伏在圣经的教导之下。一旦我们这样做，社会关怀就立刻会成为教会关注的一部分。我们不能为了神学而研究神学，我们必须要用语言和行为——嘴唇和生命，来见证福音。

　　我期望靠着神的恩典，让神学在地上见证神，这也正是神学本来的目的。

www.ingramcontent.com/pod-product-compliance
Lightning Source LLC
Chambersburg PA
CBHW031616040426
42452CB00006B/550